CATALOGUE

RAISONNÉ

DE TABLEAUX,

DE DIFFE'RENS BONS MAÎTRES

DES TROIS ÉCOLES,

De Figures, Buſtes & autres Ouvrages de Bronze & de Marbre,
de Porcelaines, & autres Effets
qui compoſent le Cabinet de
feu M. AVED, Peintre du Roi
& de ſon Académie.

PAR PIERRE REMY.

*Cette Vente ſe fera le Lundi 24 Novem-
bre 1766, trois heures de relevée, &
jours ſuivants auſſi de relevée, rue de
Bourbon, à côté de la petite porte
de l'Egliſe des Théatins.*

À PARIS;

Chez DIDOT, l'aîné, Libraire & Imprimeur
rue Pavée, premiere Porte cochere,
en entrant par le Quai des Auguſtins.

M. DCC. LXVI.

AVANT-PROPOS.

JACQUES ANDRÉ JOSEPH AVED naquit à Douai en Flandres, le 12 Janvier 1702, de Jean-Baptiste AVED, Docteur en Médecine de la Faculté de Louvain, & de MARGUERITE MAGOTOT son épouse. Il étoit encore dans la plus tendre enfance, lorsqu'il perdit ses pere & mere. Il fut élevé à Amsterdam, dans la maison de son beau-frère, Capitaine aux Gardes Hollandoises.

L'éducation domestique l'invitoit à la profession des armes; mais un attrait plus puissant entraînoit son génie. Bernard Picart, dont il cherchoit déja les estampes avec une curiosité qui n'étoit pas de son âge, cultiva d'aussi heureuses dispositions pour les Arts. En lui montrant le desfein , ce Graveur célebre voyoit avec autant de plaifir que de fur-prife , les progrès rapides de fon Éleve. Le goût du jeune AVED prévenoit fes leçons, & la Nature fembloit l'avoir déja inftruit des myftères de l'Art.

Anvers , Amfterdam , La Haye offroient à fes yeux le plus beau fpectacle. Les Temples , les Pa-lais , les Edifices publics , fouvent même les maifons des fimples Citoyens , font ornés des Ouvra-ges des plus grands Maîtres des Écoles Flamande & Hollandoife. Il voyoit , il admiroit fans ceffe les Tableaux de Rubens , de Van-dyck & de Rembrandt. C'eft à la vue de ces chef-d'œuvres , c'eft à l'examen perfévérant des beautés qu'ils renferment , qu'il a dû fes talents & fes fuccès.

Mais il fentit dès-lors qu'il étoit néceffaire de fe former dans une École vivante , & qu'il falloit s'inftruire par l'exemple joint au précepte. Il vint à Paris en 1721, & il entra chez M. Bel, de l'Académie Royale de Peinture. Les leçons de ce Maître, les avis des jeunes Artiftes, fes amis, devenus dans la fuite des hommes fi célèbres*, le mirent en état d'être agréé de l'Académie en 1729. M. AVED n'avoit alors que vingt-fept ans. Il préfenta fes morceaux de réception en 1734; il fut nommé Confeiller en 1744, & Penfionnaire en 1764.

Avant la Campagne de 1744, il eut l'honneur d'être appellé à la Cour pour faire le portrait du Roi.

Il avoit déja fait celui de l'Ambaffadeur Turc, Said Pacha-Mehemet Effendi, que SA MAJESTÉ

---

* MM. Carlo Vanloo, Boucher, Chardin & Dumont le Romain.

a bien voulu agréer. Ce Tableau, qui eſt dans la Salle des Gardes à Choiſy, obtint, lorſqu'il fut expoſé au Sallon, les ſuffrages du Public & ceux des Confrères de M. AVED.

On ſe contentera d'indiquer ici ſes principaux Ouvrages. On mettra à la tête le portrait du célebre Rouſſeau, qui par reconnoiſſance, l'a immortaliſé dans ſes vers. M. AVED a ſoutenu dans la ſuite la réputation qu'il avoit déja acquiſe par les portraits de Madame Crozat, de Madame Dupleix, de Madame de Saint-Maure. Il faut encore y joindre ceux du feu Stathouder, de M. le Maréchal de Maillebois, de M. le Duc de Chevreuſe, de M. le Comte du Luc, de M. le Marquis de Mirabeau, du ſavant Abbé Capperonnier, & du tragique Crébillon. On ne doit pas oublier non plus le portrait en pied de M. le Maréchal de Clermont-Tonnerre. C'eſt par cet Ouvrage qu'il a terminé ſa carrière dans les Arts.

Le mérite principal qui règne dans ſes Tableaux, eſt la naïveté de l'imitation, le bel empâtement & la vérité du coloris. M. Aved rendoit non ſeulement avec la plus grande exactitude les traits des perſonnes qu'il peignoit, mais il exprimoit encore leur caractère, leurs vertus & leurs mœurs. Ce n'étoit pas une froide & ſtérile image, c'étoit l'homme même qu'il repréſentoit. Il travailloit toujours d'après *nature*, & quelqu'habitude qu'il eût dans ſon Art, jamais il n'a rien fait de *pratique*. Il étudioit les *détails* acceſſoires & la *ſcience des effets* avec la plus grande application ; & quand, en ne négligeant aucune partie dans ſes Tableaux, il étoit parvenu à faire un beau tout, il n'étoit pas encore content de ses Ouvrages.

Il avoit formé une grande collection de Tableaux ; il y avoit employé tout son patrimoine & le bien de sa femme. Cette belle Collection, il l'appelloit sa Bibliothéque. On peut juger par ses Ouvrages du fruit qu'il a tiré de cette espèce de *lecture*. C'étoit au reste un des plus parfaits connoisseurs de l'Europe. Il avoit vû un nombre prodigieux de Tableaux de tous les Maîtres. Il avoit étudié, avec une attention scrupuleuse, leur manière & leur touche ; & sa mémoire étoit telle, que ce qu'il avoit vû une fois, il ne l'oublioit jamais.

La plus grande partie des Tableaux qui composent son Cabinet, a été acquise dans les différents voyages qu'il a faits en Hollande. Il acheta en entier le fameux Cabinet de M. Scholt,

& les plus beaux Tableaux de M.
le Comte de Waffenaër d'Ob-
dam.

Il a eu pour amis généralement
tous ceux qui l'ont connu, &
l'on peut mettre dans ce nombre beaucoup de perfonnes illuf-
tres par leur naiffance & par leur
rang, qui ont honoré fa mémoire
de leurs regrets. Sa belle & heu-
reufe phyfionomie annonçoit la
candeur de fon ame ; fa converfa-
tion étoit agréable & fon efprit
orné. Noble, généreux, compa-
tiffant, il a fait beaucoup de bien
dans une condition médiocre &
avec une fortune bornée. L'homme qu'il a offenfé, celui qu'il a
feulement défobligé, font encore à trouver. Il eft mort d'une
attaque d'apopléxie & de paraly-
fie, le 4 Mars 1766, âgé de foi-
xante-quatre ans. Sa forte confti-
tution, qu'aucun excès n'avoit
altérée, fembloit lui promettre
de plus longs jours.

Il avoit épousé, le 24 Août 1725, Anne Charlotte Gaultier de Loizerolle, fille d'un ancien Capitaine au Régiment de Rouërgue. Il a laissé une veuve & deux fils ; l'un est Maître des Eaux & Forêts de Chaumont en Bassigny, & l'autre est Avocat au Parlement.

CATALOGUE

CATALOGUE

DES TABLEAUX

Et autres Curiosités du Cabinet de feu M. AVED, Peintre du Roi.

ECOLE D'ITALIE.

Jacques Robusti, dit le Tintoret.

1 Notre Seigneur en Croix ; au bas sont S. Jean, la Vierge & les Saintes Femmes ; deux bourreaux tiennent une échelle ; on compte en tout neuf figures. Ce Tableau est d'une grande beauté & du meilleur faire de ce grand Peintre Vénitien. Il est peint sur une toile ceintrée du haut, qui porte 5 pieds 9 pouces de haut, sur 4 pieds de large.* 160

---

* Les mesures des tableaux que l'on donne

A

DOMINIQUE ZAMPIERRI, dit le DOMINIQUAIN.

2 La Sainte Vierge affife, tenant l'Enfant Jefus fur fes genoux; S. Jofeph eft à la gauche du Tableau, dans l'attitude d'un homme qui refléchit. Ce Tableau, dont le mérite eft connu, eft peint fur une toile de 4 pieds 4 pouces de haut, fur 3 pieds 8 pouces de large.

JEAN FRANÇOIS BARBIERI DA CENTO, dit le GUERCHIN.

3 Loth & fes filles, figures de grandeur naturelle. Ce Tableau, qui eft d'un vigoureux coloris, eft peint fur toile; il porte 5 pieds 8 pouces de haut, fur 4 pieds 9 pouces de large.

CERQUOZZI, furnommé MICHEL ANGE DES BATAILLES.

4 Une Bataille richement compofée & graffement peinte, fur une toile de 20 pouces & demi de haut, fur 37 pouces de large.

---

fon prifes de feuillure en feuillure, fans y comprendre les bordures, qui font prefque toutes très belles.

BENEDETTO CASTIGLIONE GENOVESE, appellé communément LE BENEDETTE.

5 Un Sujet tiré de la Genese, Chapi- *400* tre premier. Ce Tableau, riche de composition, est peint sur une toile de 7 pieds un pouce, sur 5 pieds 4 pouces.

JEAN FRANÇOIS ROMANELLI.

6 Une agréable Nymphe se tenant à *49* un arbre & montrant de l'eau qui tombe sur des rochers ; cette figure n'est vue qu'à mi-corps. Tableau peint sur une toile de 6 pouces & demi de haut, sur 8 pouces un quart de large.

PIERRE FRANÇOIS MOLA, dit LE MOLLE.

7 S. Jérôme à genoux, la tête élevée ; *47* son livre est à terre devant lui ; le fond est un paysage. Ce Tableau, touché savamment, de la bonne maniere de ce Maître, & d'un bon coloris, est peint sur toile ; il porte 18 pouces de haut, sur 12 de large.

LUC JORDANE DE NAPLES, surnommé IL FA PRESTO.

8 Jupiter qui vient visiter Semelé, figures grandes comme nature, accompagné de trois amours, dont un tient le rideau du lit. Ce Tableau est peint sur une toile de 4 pieds 8 pouces de haut, sur 5 pieds 10 pouces de large.

9 La Sainte Vierge avec l'Enfant Jesus, donnant un cordon à un Religieux ; un Ange tient un plat, sur lequel sont des Reliquaires & un Lys. Ce Tableau, qui est d'un agréable & bon coloris, est peint sur toile, il porte 23 pouces de haut, sur 18 de large.

FRANCESCO TREVISANI.

10 Un très beau Tableau peint sur une toile de 18 pouces de haut, sur 14 pouces & demi de large ; il représente la Madelene à genoux, accompagnée de quatre Anges, dont deux lui présentent un livre ouvert ; deux têtes de Cherubins sont dans une Gloire.

PHILIPPE DE LIANO , furnommé LE
NAPOLITAIN.

11 Deux Batailles peintes fur toile , 36
chacune porte 7 pouces & demi de
haut , fur 11 pouces.

SEBASTIEN RICCI.

12 L'Adoration des Rois ; ce Tableau, 84
qui eſt d'une compoſition riche &
intéreſſante , eſt peint fur une toile
de 23 pouces de haut , fur 18 de
large.

FRANÇOIS SOLIMENE.

13 Le Mariage de Sainte Catherine , 12
Tableau peint en paſtel ; il porte
18 pouces de haut, fur 12 pouces de
large. Ce morceau eſt un des bons
de ce Maître.

RENAUD MONTAGNE DE VÉNISE.

14 La vue d'une Ville , d'un Fort & 60
de pluſieurs Vaiſſeaux en mer , Tableau richement compoſé , avec
beaucoup de figures ; il eſt peint fur
une toile de 20 pouces de haut, fur
31 de large.

ECOLE DES PAYS-BAS.

PIERRE BREUGHEL.

42 15 Un beau Payſage, dans lequel Jean-Baptiſte Oudry a peint, dans ſon bon tems, pluſieurs chiens qui courent au Cerf. Ce Tableau eſt peint ſur une toile de 21 pouces de haut, ſur 28 de large.

CHRISTOPHE SWARTS.

140 16 Trois Officiers qui jouent aux dez ſur un tambour ; un jeune garçon préſente un verre de vin à une femme qui les regarde ; trois perſonnages s'apperçoivent dans un éloignement à droite, & un peu de Ciel. Ce Tableau, peint ſur une toile, porte 19 pouces de haut, ſur 28 de large.

PAUL BRIL.

1619 · 1917 Un beau Payſage, dans lequel on obſerve ſix vaches, un veau, une femme qui les conduit ; deux hom-

mes dans une belle prairie, proche
de la riviere. Sur le premier plan,
dans le coin à gauche, un Chaſſeur
tire ſur des canards, deux autres
l'accompagnent. Toutes les figures
& les animaux ſont peints par *An-
nibal Carrache.*

Ce Tableau, d'une compoſition heureuſe & d'une belle couleur ragoûtante, jouit d'une réputation méritée. Il eſt peint ſur
toile ; il porte 22 pouces de haut,
ſur 28 de large.

18 Une Marine. On remarque des *200*
vaiſſeaux & chaloupes au bord de la
mer, & des bateaux, dont deux
dans leſquels on charge des balots
& des tonneaux ; des tours & autres
édifices ſont placés ſur la gauche
à quelque diſtance. Les figures
ſont en grand nombre & auſſi bien
deſſinées que ſi elles étoient de la
main de Carrache, ce qui donne à
croire à quelques-uns que ce grand
Maître en eſt l'Auteur. Ce Tableau,
qui eſt d'un coloris clair, & que

l'on regarde avec plaifir, eft peint
fur une toile de 22 pouces de haut,
fur 28 pouces de large.

P I E R R E · N E E F S.

19 L'intérieur d'une Eglife éclairée
par le jour & enrichie de beaucoup
de figures. Ce bon Tableau, peint
fur bois, porte 12 pouces 3 lignes
de haut, fur 17 & demi de large.
20 Un autre intérieur d'Eglife, enri-
richi auffi de beaucoup de figures,
Tableau fur toile de 17 pouces de
haut, fur 23 de large.

M I C H E L R I C K A E R T.

21 Un Payfage montagneux ; deux
hommes gardent des chevres fur des
rochers. Ce Tableau, peint fur
cuivre, porte 10 pouces 3 quarts
de haut, fur 15 pouces 9 lignes.

P I E R R E P A U L R U B E N S.

22 Un Tableau peint fur une toile de
24 pouces de haut, fur 19 & demi
de large. Il repréfente S. Michel
qui terraffe le Démon.

GUILLAUME NIEULANT.

23 Des Vues de rochers, de coteaux, & d'un Payſage extrêmement
agéable & frais de coloris; l'on remarque ſur le devant, dans le coin
à gauche, deux hommes & une femme qui ſe repoſent, un âne qui pâ-
ture. Ce Tableau, peint ſur cuivre,
porte 8 pouces 3 lignes de haut,
ſur 12 pouces de large.
24 Deux autres Tableaux du même
Maître, enrichis de figures & animaux, l'un eſt peint ſur cuivre &
l'autre ſur bois; chacun porte 10
pouces de haut, ſur 13 de large.

CORNILLE POELENBURG.

25 Diane découvrant la groſſeſſe de
Caliſto. Cette Divinité & une de
ſes Nymphes ſont vues par le dos
aſſiſes ſur un morceau de rocher,
trois autres découvrent Caliſto,
d'autres ſe baignent dans une riviere; ces figures ſont au nombre
de 14. Un riche payſage & des rochers ſe diſtinguent très bien de
l'autre côté de la riviere. Ce Tableau, peint ſur bois, qui porte 19

pouces & demi de haut, sur 29 de large, a un coloris frais, brillant, & autant agréable qu'on puisse se l'imaginer ; on croit pouvoir assurer que ce morceau est du premier ordre.

602 26 Des figures & animaux dans une campagne enrichie par plusieurs belles ruines ; il règne dans ce Tableau une suavité & un coloris qui le distinguent. Il est peint sur bois, & porte 12 pouces de haut, sur 15 de large.

JEAN BREUGHEL , OU BREUGHEL DE VLOUR.

13 . 6 27 Un Tableau peint sur cuivre, de 9 pouces & demi de haut, sur 6 pouces 3 quarts de large. Il représente des fleurs dans un gobelet de verre posé sur une table.

JACQUES JORDAENS.

1201 28 Une Sainte Famille, composée de huit figures, petite nature ; on y remarque l'Enfant Jesus debout, les pieds sur un Dragon qui serpente autour du globe ; la Sainte Vierge assise, vue de profil, le soutient de la main gauche pofée fur la poitrine ; elle a le bras droit paffé derriere l'Enfant, & tient la main du petit S. Jean, qui a une poire & eft affis fur un mouton ; S. Jofeph eft à la droite du Tableau, une main pofée fur le Berceau ; le Grand-Prêtre Siméon & la Prophéteffe Anne font au côté oppofé. Ce Tableau eft peint fur une toile de 5 pieds 1 pouce de haut, fur 4 pieds 6 pouces de large.

Les Amateurs n'ignorent pas qu'il fe trouve affez ordinairement dans les Compofitions de ce Maître des figures outrées de caractere, ignobles & très défagréables ; ce Tableau-ci n'a pas ce défaut, tout y eft traité avec nobleffe.

ANTOINE VAN DYCK.

29 Notre Seigneur defcendu de la *6000* Croix, repréfenté foutenu par la Vierge & en partie fur fes genoux ; deux Anges l'adorent. Trois têtes de Cherubins font en haut, à la

gauche du Tableau, qui eſt peint
ſur bois, & porte 3 pieds 5 pouces
de haut, ſur 4 pieds & demi de
large.

800 30 Un Portrait d'homme, vu de 3
quarts ; il porte une fraiſe large &
élevée, un habit à boutons d'or, &
une chaîne auſſi d'or. Ce Tableau,
de forme ovale, eſt peint ſur une
toile de 24 pouces de haut, ſur 19
de large.

REMBRANDT VAN RYN.

2860 31 Suſanne au bain ; cette vertueuſe
femme eſt inclinée & debout, un
pied dans l'eau & l'autre ſur une
marche de pierre ; elle ſemble faire
un effort pour échapper des mains
d'un vieillard qui la retient par ſa
chemiſe, dont elle s'eſt en partie
couverte. Le ſecond vieillard eſt ſur
un plan un peu plus élevé, la main
droite appuyée ſur une rampe d'eſ-
calier ; une belle robe d'écarlaté
avec agrément d'or, eſt poſée ſur
un pied d'eſtal, au bas duquel ſont
des pantoufles de même couleur ;
des édifices & de l'architecture ſont

en plus grande partie le fond de ce Tableau, qui est peint sur bois ; il porte 28 pouces de haut, sur 34 de large.

Une intelligence parfaite, une touche ferme & le bel effet du clair obscur distinguent infiniment ce morceau, & le mettent au rang des plus importants de ce Maître : on lui reproche néanmoins que la figure de Susanne n'est pas d'un beau choix ; mais qui ne fait pas que Rembrandt n'a jamais brillé dans la partie du dessein, lorsque les sujets l'ont obligé de représenter des femmes nues ?

32 Le Portrait de la Princesse de Nassau Sighem. Cette Dame, qui a un beau port, est vue à mi-corps & de face ; elle a le bras gauche posé sur une tablette de pierre, le coude droit appuyé sur la même tablette, & le bras élevé tenant une fleur de Grenade. Ce Tableau, qui est peint

fur une toile de 32 pouces de haut, fur 26 de large, eft du nombre des bons portraits de Rembrandt.

102   33 Le Portrait d'un jeune homme vû prefque de face ; fa tête eft garnie de cheveux un peu frifés ; il porte un très grand collet rabattu fur fon habit, qui eft noir. Ce Tableau eft clair & d'un beau fini. Il eft peint en 1651, fur une toile de 23 pouces de haut, fur 16 de large.

152 . 534 Le Portrait de Lenard Bramer, vû de 3 quarts & plus qu'à mi-corps ; il tient des deux mains un cahier de papier & un porte-crayon ; fon chapeau eft en pain de fucre à bord rabattu, avec ganfe d'or ; un rabat, une robe noire, en partie ouverte, laiffe voir une vefte à petits galons & boutons d'or. Ce Tableau ragoutant eft peint fur une toile de 41 pouces de haut, fur 31 pouces & demi de large.

33   35 Une Fille qui tient un livre de Mufique ; elle eft affife & vue jufqu'aux genoux. Ce Tableau eft peint fur bois ; il porte 24 pouces de haut, fur 19 de large.

41 . 536 Bufte de femme, un chapeau fur

la tête, peint sur une toile de 21
pouces & demi de haut, sur 17
pouces & demi de large.

37 Un Philosophe qui tient, avec ses
deux mains, un livre ouvert; il est
assis proche d'une chaumiere. Cette
figure est d'un caractere noble, & par
conséquent très estimable. Ce Tableau, peint sur bois, porte 21 pouces de haut, sur 16 de large.

38 Un tems orageux, représenté avec
toute l'intelligence d'un Artiste qui
connoît parfaitement les effets de la
nature. Ce Tableau est en outre très
intéressant par la richesse de la composition; on voit sur le devant des
maisons & des arbres, proche d'un
pont composé de deux arches, sous
lesquelles passe une riviere; des
Moissonneurs dans la campagne,
qui chargent une voiture, d'autres
personnages & des animaux; plusieurs coteaux terminent le point de
vue. Ce Tableau est peint sur une
toile de 14 pouces de haut, sur 23
de large.

39 Un Officier à cheval & plusieurs
autres figures. Ce Tableau, qui n'a
pas de bordure, est une esquisse

remplie de mérite, peinte sur une toile de 24 pouces & demi de haut, sur 23 pouces de large.

ABRAHAM VAN DIEPENBÉKE.

40 Une Orgie, ou Fête de Bacchus, composée de 17 figures, depuis 4 pouces jusqu'à six de proportion, les unes boivent, les autres dansent & se reposent : toutes les attitudes variées rendent ce Tableau satisfaisant. Il est peint sur cuivre, & porte 16 pouces de haut, sur 18 pouces de large.

ERASME QUELLINUS.

41 Les quatre Eléments personnifiés par les Dieux de la Fable. Tableau peint sur cuivre ; il porte 19 pouces & demi de haut, sur 15 de large.

ADRIEN BRAUWER.

42 Quatre hommes, dont deux qui jouent aux cartes. Ce Tableau, que l'on attribue à Brauwer, est peint sur une toile de 14 pouces de haut, sur 13 de large.

DAVID TENIERS.

43 La maison d'un Boucher ; une *404*
femme y dépouille la tête d'un
veau. Ce Tableau, qui est du bon
tems de ce Maître, est peint sur
toile qui porte 28 polices de haut,
sur 21 pouces & demi de large.

44 Un Berger endormi proche de son *1050*
troupeau, composé de deux vaches,
onze moutons, un agneau & deux
porcs ; un chien est à côté de son
Maître. Sur un plan un peu éloigné
à gauche, on remarque entr'autres
des gens à table sous une treille, à
la porte d'un Cabaret ; & sur la
gauche, un peu plus loin, plusieurs
maisons, du paysage, & de petites
figures. Ce Tableau, composé avec
avantage, est de l'agréable coloris
de *Teniers* ; il est peint sur toile, &
porte 22 pouces de haut, sur 28 &
demi de large.

45 Un riche Paysage avec des Fabri-*100*
ques ; la Magdelene dans sa péni-
tence se voit sur le devant du Tableau. C'est un pastiche dans le style
de Jean-Baptiste Mola. Il est peint

sur toile, & porte 21 pouces de haut, sur 29 de large.

46 Un Port de mer ; on y peut compter 50 figures, dont les plus grandes ont 4 pouces de proportion. Ce Tableau est d'une bonne couleur, & composé avantageusement ; il est peint sur une toile de 29 pouces de haut, sur 46 de large.

47 Une Ferme, au dehors de laquelle on voit des poules & des cannes, dont plusieurs sont dans l'eau ; l'on seroit tenté de croire que ce Tableau est de David Teniers ; s'il n'en est pas, il est donc d'Apsoom, son imitateur. Ce Tableau est peint sur bois ; il porte 17 pouces de haut, sur 13 pouces & demi de large.

ADRIEN VAN OSTADE.

48 Un Tableau peint sur toile, de 36 pouces de haut, sur 50 pouces de large.

Ce morceau est le plus grand que l'on connoisse à Paris, & par conséquent le plus capital ; il est fait avec une intelligence qui caractérife un Artifte profond dans fon Art ; on y remarque deux grandes maifons où l'on tient Hôtellerie , dont l'une a pour enfeigne un Lion , devant laquelle on danfe en rond , au fon d'une mufette , pendant que d'autres boivent , fument , s'embraffent & fe repofent. Tous les groupes de figures font diftribués agréablement & avantageufemen. On diftingue encore à gauche , fur un plan un peu éloigné , beaucoup de perfonnages , des tentes & des arbres. Il y a environ 80 figures , dont les plus grandes ont 4 à 5 pouces de proportion.

49 Une chambre , dont la plus grande *250* lumiere eft occafionnée par une lampe attachée dans une cheminée où il y a grand feu , un jeune garçon fe chauffe , cinq hommes affis fument & boivent , une femme les

regarde. Ce Tableau eſt peint ſur bois, & porte 14 pouces & demi de haut, ſur 13 de large.

GERARD DOV.

800 . 150 Une vieille femme agréable, vue de face & à mi-corps, proche d'une table, ſur laquelle eſt un baquet qui contient les ingrédiens pour faire du boudin, qu'elle hache avec un couperet. Une cornette blan-che, une fraiſe, un bavolet, des manches rouges & un tablier bleu compoſent ſon habillement : diffé-rens acceſſoirs, comme lanterne accrochée à la muraille, une cru-che, un chauderon, & des légumes poſés ſur un banc & ſur la table en-richiſſent ce Tableau, éclairé par la lumiere d'une chandelle; il eſt peint ſur bois ceintré du haut, & porte 14 pouces 1 quart de haut, ſur 11 pouces 3 lignes de large.

On connoît le mérite des Ou-vrages de ce Maître, qui ſont portés au plus haut prix.

ADRIEN VANDEN VELDE.

51 Cinq belles vaches dans une prairie. Ce Tableau , qui eft d'une
agréable couleur & d'un pinceau
onctueux, a été peint en l'année
1654, fur une toile de 20 pouces
3 lignes de haut, fur 24 pouces &
demi de large.

DAVID RICKAERT.

52 Jupiter & Mercure recevant l'hof-302
pitalité chez Baucis & Philémon ,
Tableau peint fur toile de 21 pouces & demi de haut , fur 32 pouces
& demi de large.

C'eft avec raifon que M. Def-
camps dit que les études reflé-
chies fur la maniere des grands
Maîtres , mirent Rickaert de ni-
veau avec les meilleurs Peintres
de fon tems; on remarque cette
vérité dans ce Tableau que nous
annonçons , qui a un coloris
agréable & une touche admirable.

53 Une Famille dans leur cuisine, où sont quantité d'ustensiles de ménage, des poules, du poisson & des légumes. Ce Tableau est peint sur bois, dans le style de Teniers ; il a des beautés de touche qui le distinguent. Sa hauteur est de 12 pouces, & sa largeur de 20 pouces & demi.

ISAAC OSTADE.

54 Un Tableau peint sur bois, qui porte 12 pouces de haut, sur 15 de large : il représente la vue d'un village entouré d'arbres & une campagne ; plusieurs figures s'y remarquent.

THOMAS WYCK.

55 Deux Tableaux, l'un représente un Philosophe dans son Cabinet, & l'autre, un Chymiste dans son laboratoire, avec un jeune garçon ; chacun avec les attributs & ustensiles de son art, & occupé à son travail. Les compositions de ces Tableaux sont d'une grande richesse & du meilleur tems de ce Maître ; ils sont sur bois, & portent chacun 15 pouces de haut, sur 13 de large.

PIERRE VANDER FAES, surnommé LELY.

56 Une Dame habillée en satin blanc *16 . 1*
brodé; le fond de ce Tableau est
du paysage & une baluftrade; il est
fur toile, & porte 30 pouces de
haut, fur 19 de large. Il n'a point de
bordure.

57 Un Officier ayant une cuiraffe; il *4*
est vû à mi corps, & peint fur une
toile de 26 pouces de haut, fur 21
de large.

BARTHOLOMÉ BREENBERG.

58 S. Paul & Barnabé guériffant un *32 50*
boiteux à Lyftres. Ce Tableau renferme tous les attributs du Paga-
nifme; la compofition est des plus
confidérables; on y compte environ
500 figures, en y comprenant les
petites, qui fe voient dans l'éloignement; les plus grandes ont 4 &
5 pouces de proportion.

Ce Tableau est un de ceux dans
lequel Breenberg a fait voir l'a-
bondance de fon génie dans la

composition ; le coloris est très ragoutant & la touche grasse & savante : il est peint sur bois, & porte 25 pouces de haut, sur 31 de large,

721 59 Un autre Tableau très capital & d'un coloris vigoureux, peint par le même Breenberg, sur une toile de 32 pouces de haut, sur 38 de large ; il représente le martyre de S. Laurent ; les plus grandes figures ont 8 à 9 pouces de proportion ; on y remarque l'Empereur Décius, plusieurs Tribuns militaires, des Prêtres de Mercure, dont on voit la Statue, son Temple, & différents Monuments de Rome. Breenberg lui-même a gravé l'estampe de ce Tableau, qui est très connu, & dont on fait un cas singulier.

401 60 Un homme & une femme, chaque figure porte 2 pouces & demi de proportion, & cinq vaches proche d'un ancien édifice ruiné ; à gauche, sur un plan plus éloigné, on remarque un Château dans un bois, dont on n'apperçoit que la partie du haut,

haut, & des montagnes dans l'éloignement.

Ce Tableau est piquant, & agréable de couleur ; on ne peut desirer un plus joli morceau de ce Maître : il porte 9 pouces de haut, sur 11 pieds 3 lignes de large, peint sur bois.

61 Un autre beau Tableau du même Maître, & dans le style du précédent ; il représente une très agréable vue de Tivoli, où l'on apperçoit plusieurs petites figurines & des animaux ; il est peint sur bois, & porte 9 pouces de haut, sur 12 pouces 3 lignes de large.

PHILIPPE WOUVERMANS.

62 Une Ecurie qui occupe presque tout le Tableau ; elle a sur la gauche deux très grandes entrées, au travers desquelles on remarque un beau Ciel, & des montagnes dans l'éloignement. Proche de la plus petite entrée, on voit un Cavalier à cheval, qui donne de l'argent à un

garçon d'écurie ; un domeſtique qui
tient un cheval par la bride, pendant qu'un Huſſart, aſſis ſur des ba-
gages, accommode ſes bottes. Neuf
figures, autant de chevaux, un
coq, deux poules font la richeſſe de
ce Tableau, qui eſt peint graſſement, de belle couleur vigoureuſe,
& touché avec art. Il eſt ſur bois,
& porte 15 pouces de haut, ſur 21
pouces de large.

2400

63 Deux Tableaux peints ſur toile ;
chacun porte 21 pouces de haut,
ſur 26 de large. Ils repréſentent
deux vues de Scheveling, proche
La Haye, priſes de différents côtés ;
des Cavaliers, Chaſſeurs à cheval,
& autres figures ſur différents plans.
Ces deux beaux morceaux ſont d'un
ton argentin ; Philippe Wouver-
mans les a peints dans ſon bon
tems.

660

64 Une Bataille, compoſée d'un grand
nombre de Cavaliers combattants à
coups de ſabres & de piſtolets, des
hommes & des chevaux renverſés
ſur le devant ; & dans le fond, des
troupes qui gagnent un Pont ruiné.
Ce Tableau eſt compoſé avec tout le

feu imaginable, & d'un style diffé-
rent de beaucoup d'autres. Il est peint
sur une toile de 3 pieds 7 pouces
de haut, sur 5 pieds 4 pouces de
large.

65 Un Tableau, que l'on dit être de
Philippe Wouwermans, peint sur
une toile de 13 pouces de haut, sur
17 de large. On y voit plusieurs
figures, entr'autres un homme à
cheval qui en tient un autre par la
bride, proche d'un abreuvoir.

PIERRE WOUWERMANS.

66 Deux sujets de guerre, dont une
Bataille, très riche de composition.
Ces deux Tableaux font du meilleur
tems & du bon *faire* de ce Maître.
Ils font sur bois, & portent chacun
11 pouces & demi de haut, sur 14
de large.

PIERRE VAN BLOEMEN.

67 Deux des plus beaux morceaux de
ce Maître, représentant des animaux de diverses especes, & dans
chacun une figure. Ils portent 15
pouces de haut, sur 22 de large.

B ij

CORNILLE BEGA.

115 68 Un Maître de Musique donnant leçon à son Ecoliere : Tableau peint sur bois ; il porte 15 pouces de haut, sur 12 de large.

ADAM PINAKER.

276 69 Un Paysage enrichi d'arbres de plusieurs especes, & de broussailles. Sur trois plans différents l'on trouve un groupe de quatre animaux, dont deux vaches : deux hommes, l'un debout & l'autre assis ; un homme à cheval dans l'éloignement. Ce Tableau est d'un ton chaud, bien dessiné, & touché en Paysagiste du premier mérite,

GERBRANDT VANDEN ECKHOUT.

402 - 170 Notre Seigneur assis dans le Temple de Jérusalem, confondant les Docteurs de la Loi. On compte dix-sept figures, toutes belles & variées de caracteres expressifs. Ce Tableau est du plus parfait pinceau de ce Maître, & l'effet du clair-obscur en releve le mérite. Il est peint

sur une toile de 23 pouces de haut,
sur 30 de large.

71 Sept Figures dans un Corps-de-
garde ; plusieurs Officiers jouent aux
cartes avec une femme ; un autre,
assis sur une chaise, tient la main
d'une Dame qui est debout & vue
de profil, il semble prendre congé
d'elle ; un jeune cadet s'amuse avec
un chien. Ce beau Tableau, peint
sur toile colée sur bois, porte 26
pouces de haut, sur 23 pouces de
large.

JACQUES VANDER DOES.

72 Des vaches & des moutons dans
un paysage ; un peu dans l'éloignement on distingue, proche d'une
maison de paysan, un homme, une
femme & un cheval chargé de différentes choses. Vander Does a peint
ce Tableau sur bois, en l'année
1658. Il est correct de dessein, d'un
pinceau velouté & bien coloré ; sa
hauteur est de 14 pouces, & sa largeur de 18.

VAN BERG.

73 Un Tableau peint sur toile, de

même grandeur que le précédent, qui lui sert de pendant, & qui est du plus beau de ce Maître. On y voit, avec satisfaction, cinq vaches, dont une blanche ; qui boit ; un mouton, un agneau, un bélier & de beaux arbres ; un paysan assis, qui tient son chien proche d'un ruisseau, à peu de distance d'une baraque faite avec de la paille & des perches attachées à deux arbres, dans laquelle est sur terre une femme qui dort ; dans l'éloignement à gauche, des montagnes & des fabriques.

NICOLAS BERGHEM.

74 Jupiter enfant, dormant sur les genoux de la Nymphe Amalthée, environné de Corybantes qui dansent au son de la flute & des cymbales ; toutes ces figures, au nombre de huit, dont trois ne sont visibles que par la tête, forment un beau groupe, qui est un peu élevé à la gauche du Tableau : la plus grande figure est un homme assis jouant de la flute, il a environ 16 pouces de proportion : des plantes sur le de-

vant, & nombre de moutons fur plufieurs plans enrichiffent cette compofition.

Ce Tableau eft capital, tant par la franchife de la touche, que par la fraîcheur & la tranf-parence ; nous croyons pouvoir dire qu'il eft admirable dans tou-tes fes parties. Il eft peint fur une toile de 34 pouces de haut, fur 32 pouces de large.

75 Un Tableau peint dans le gout *400* Italien ; on y voit un homme qui garde des vaches, & eft appuyé fur une d'entr'elles ; il eft fur bois, & porte 23 pouces de haut, fur 17 de large.

76 Une famille de Satyres, en petites figures dans un payfage. Ce Tableau eft peint fur une toile de 3 pieds 4 pouces de haut, fur 4 pieds 1 pouce de large.

JURIAAN VAN STREECK.

77 Un beau Cafque, orné d'un grand *201* & large plumet, un couteau à man-

che d'argent, une boîte à poudre, & autres objets inanimés, posés sur une table. Ce Tableau est d'un agréable coloris & savamment peint, sur une toile de 3 pieds 2 pouces de haut, sur 2 pieds 10 pouces. Il n'a point de bordure.

WILLEM, (GUILLAUME) VANDE VELD.

78. Une Marine qui occupe le devant du Tableau dans toute sa largeur; on y voit une chaloupe; plusieurs petits vaisseaux dispersés se voient aussi, mais dans l'éloignement; le point de vue est terminé par des arbres & un village. Ce Tableau est tout-à-fait satisfaisant; il est peint sur bois, & porte 14 pouces de haut, sur 21 de large.

MELCHIOR HONDEKOETER.

400   79 Deux Paons; une très belle poule blanche hupée, six petits poulets, deux cannes, un coq en colère, placé sur un pied d'estal, & un pigeon en l'air; tous ces animaux sont de grosseur naturelle. A gauche, sur un plan un peu plus éloigné, on

apperçoit un très beau Château proche de la riviere. Ce Tableau est peint sur toile de 4 pieds 1 pouce de haut, sur 4 pieds 11 pouces de large; sans bordure.

80 Un Paon perché sur une branche *400* d'arbre, un coq, une poule, des cannes sur terre & dans l'eau, & des cannetons effrayés par un oiseau de proie qui semble s'abattre sur eux; tous ces animaux sont aussi forts que nature; le fond de ce Tableau repréfente du payfage & de l'archi-tecture. Il est peint sur une toile de 6 pieds 2 pouces de haut, sur 5 pieds 9 pouces de large.

81 Un autre Tableau du même Maî- *403* tre, composé d'une canne blanche hupée & deux cannetons dans l'eau, deux autres cannetons & deux cannes sur terre, un coq & une poule; une pie perchée sur la branche d'un arbre, un faisand sur un pied d'estal, un pigeon en l'air. Ce Tableau est peint sur une toile de 4 pieds 10 pouces de haut, sur 3 pieds de large; re fermé dans une bordure noire.

82 Un cormoran, un heron, un *400*

côq & une poule ; des cannes étran-
geres & des cannetons , dont plufieurs font dans une piéce d'eau. Ce
Tableau eft encore peint fur toile
qui porte 4 pieds 3 pouces de haut ,
fur 5 pieds de large ; fans bordure.

399   83 Autre Tableau , fans bordure ,
peint fur une toile de 5 pieds 7
pouces de haut, fur 4 pieds 8 pouces de large. Il repréfente, dans un
payfage , un très beau paon & fa fe-
melle , placés fur un pied d'eftal ,
différentes cannes & des animaux.

Les cinq Tableaux défignés
fous les numéros précédents , ont
un mérite que l'on diftingue.
Melchior Hondekoeter les a
peints dans fon bon tems.

JEAN LE DUC.

121   84 Deux Muficos , chacun compofé
de quatre figures ; dans l'un on remarque un Officier affis tenant une
pipe & un grand verre de vin , une
femme lui préfente une huître ; dans
l'autre , une femme a le dos appuyé
fur un oreiller , pendant qu'un Ca-

valier lui prend la main & tient un verre. Ces deux Tableaux font clairs, pittorefques & amufants ; ils font peints fur toile colée fur bois , & portent chacun 12 pouces & demi de haut , fur 9 pouces & demi de large.

GASPARD NETSCHER.

85 Une Dame affife proche de fa ta-ble de toilette , couverte d'un riche tapis de Turquie , avec une boîte , un miroir & un chandelier ; elle eft vêtue d'un corfet avec des manches de fatin jonquille ; fon jupon eft auffi de fatin , mais il eft blanc , enrichi d'agréments en or ; une femme-de-chambre lui accommode fes cheveux. Sur la gauche du Tableau , on voit un domeftique qui tient une éguiere dans un plat d'argent , & un chien qui court à fa Maîtreffe. Ce Tableau eft d'une grande beauté ; les étoffes font on ne peut mieux repréfentées , & le coloris des plus agréables. Il eft peint fur une toile de 29 pouces de haut , fur 23 de large.

86. Un jeune Garçon en cheveux, tête

nue à une fenêtre ; il fait des bou-
teilles de favon, fa mere proche de
lui le regarde ; un fep de vigne orne
le haut de la fenêtre, fur laquelle il
y a une cage, & fur l'appui un bon-
net orné d'une plume blanche, &
un girafol dans une bouteille de
verre. Ce Tableau, peint fur bois,
porte 9 pouces 1 quart de haut, fur
6 pouces & demi de large.

GERARD DE LAIRESSE.

87 Notre Seigneur avec fes Difciples :
toutes ces figures font placées très
avantageufement autour d'une table, dans une piece ornée d'archi-
tecture, où l'on remarque, dans l'é-
loignement, un domeftique qui ap-
porte un plat, & une femme un vafe.
Sur le devant du Tableau, un Ne-
gre, un genou à terre, verfe du vin
d'un vafe dans un autre, qui eft
dans une grande cuvette de cuivre rouge ; un chien tient un os :
une éguiere de lapis richement ornée, fur un plat d'or, proche d'un
grand chandelier.

Ce Tableau eft un des princi-

paux morceaux de Lairesse. Il est peint sur une toile de 4 pieds 1 pouce & demi de haut, sur 4 pieds 10 pouces & demi de large.

88. Un Ange qui apparoît à Agar pour *10 80* la consoler, figure d'un pied de proportion ; ce Tableau, qui est du même *faire* que le précédent, est aussi peint sur une toile de 24 pouces de haut, sur 21 pouces & demi de large.

GODEFROY SCHALKEN.

89 Narcisse vû à mi-corps, & se re-*600* gardant dans le refler de l'eau d'une fontaine ; il est presque nud. Ce Tableau est d'un beau fini, & brillant de coloris. Il est peint sur une toile de 16 pouces de haut, sur 12 de large.

90 Une femme tenant un enfant sur *1320* ses genoux, dont on ne voit que la tête, elle lui montre une rose ; un vieillard soufle le feu d'un réchaud, sur lequel est de la bouillie, & une cuillier dans une écuelle. Ce Ta-

bleau ; outre le précieux du pinceau & une belle fonte, a un effet des plus piquants ; il est peint sur toile qui porte 13 pouces & demi de haut, sur 11 pouces 3 quarts de large.

ARENT (ARNOULD) DE GELDER.

50   91 Assuerus représenté à mi-corps ; c'est le moment qu'Esther lui parle en faveur de Mardochée. Ce Tableau est peint sur une toile de 28 pouces de haut, sur 35 de large.

36   92 Le même Sujet peint aussi par Gelder, sur une toile de 3 pieds 11 pouces de haut, sur 5 pieds 3 pouces de large.

CORNILLE HUYSMAN DE MALINES.

43   93 Un Paysage avec huit figures ; trois se disposent à se baigner, & trois autres sont au bord de la rivière, dont une d'entr'elles puise de l'eau. Ce Tableau est sur toile ; il porte 23 pouces de haut, sur 27 de large.

JEAN ASSELYN, surnommé KRABBETJÉ.

300   94 Deux Tableaux en pendants, peints

fur toile chacun de 18 pouces de haut, fur 23 pouces & demi de large. Ils repréſentent des campagnes enrichies de fabriques & de montagnes. Sur le devant de l'un on remarque, entr'autres figures, une femme à cheval, un homme, un chien, des vaches dans l'eau ; dans l'autre, un ruiſſeau formé par une fontaine, où boivent un homme & un chien ; pluſieurs perſonnages ſont à cheval, & d'autres à pied, à côté de leurs chevaux. Ces deux morceaux ſont du bon tems d'Aſſelyn, & doivent être conſidérés.

DECKER.

95 Une Maiſon de bois, qui ſemble *401* appartenir à des gens peu fortunés, environnée de pluſieurs arbres. Sur la droite, à une diſtance, on voit, dans un terrein parqué, un petit homme ſuivi de ſon chien, & dans un autre, des moutons ; un homme eſt dans un chemin, ſur une élévation.

Ce Tableau eſt d'un effet ſingulier, pittoreſque & intéreſſant ;

on peut aſſurer qu'il n'eſt pas poſ-
ſible de trouver un morceau plus
parfait de ce Maître. Il eſt peint
ſur bois, & porte 17 pouces 3
lignes de haut, ſur 23 pouces 3
lignes.

96 Deux Maiſons, dont une baraque couverte de chaume, beaucoup
d'arbres. On voit, pour toutes figures, un payſan tenant un bâton &
marchant au travers d'un terrein ma-
récageux ; un chien blanc boit. Ce
morceau eſt un des bons de ce Maître ; il eſt peint ſur bois, & porte
18 pouces 3 lignes de haut, ſur 24
pouces 3 lignes de large.

97 Une grande maiſon de payſan,
des arbres, des plantes, une femme
chez elle, un coq perché & un homme aſſis. Ce Tableau eſt peint ſur
bois ; il porte 18 pouces de haut,
ſur 14 & demi de large.

PHILIPPE GHERARDY.

98 Un Tableau peint ſur une toile
de 17 pouces de haut, ſur 20 pouces de large ; il repréſente ſix hom-

mes & trois femmes proche d'une
table, qui tiennent un concert vo-
cal & instrumental dans un salon,
au bout duquel, proche d'une co-
lonne, est une femme assise, qui
joue avec un chien. Ce morceau est
très agréable, & ce n'est pas le seul
avantage qu'il ait.

KOENRAET ROEPEL.

99 Un Vase orné d'enfants en bas- 681
relief, rempli de diverses belles
fleurs groupées avantageusement,
& un nid de quatre œufs, l'un &
l'autre posés sur une table qui est
dans une niche enrichie d'architecture. Ce Tableau est d'une extrême
beauté, & peut se mettre en paral-
lele avec un beau Tableau de Van
Huysum. Il est peint sur une toile
de 33 pouces de haut, sur 24 de
large.

SIMON VERELST.

100 Deux Tableaux, chacun est com- 300
posé de belles fleurs dans un vase de
verre posé sur une table. Ces morceaux ont une vérité des plus frap-

-pantes ; ils font peints fur toile, &
portent chacun 23 pouces de haut,
fur 19 pouces & demi de large.

JOACHIM FRANÇOIS BEICH.

38   101 Un groupe de quatre figures,
dont deux jouent aux cartes proche
d'une maifon ; on remarque à droite une fontaine agréable. Ce Tableau eft peint fur une toile de 15
pouces & demi de haut, fur 12 pouces & demi.

VANDER HELST.

100   102 Différents oifeaux & un coq attaché par une patte, peints fur une
toile de 30 pouces de haut, fur 25
de large.

VAN NIKELEN.

100   103 Le dedans d'une très riche Eglife, ornée de figures & enrichie de
perfonnages. Ce Tableau eft très
bien peint, fur une toile de 15 pouces & demi de haut, fur 17 & demi
de large.

DE HEUSCH.

104 Un paysage & vue de riviere qui 431
bordent dans l'éloignement une
grande ville, & vient tomber, en
serpentant, sur différents rochers,
ce qui rend le coup d'œil des plus
agréables ; on remarque six figures
très bien dessinées. Ce Tableau est
dans la maniere de Locatelly ; &
aussi beau que s'il étoit de ce Maître ; il est peint sur une seule plan-
che de bois de cedre, qui porte 30
pouces de haut, sur 43 de large. Le
nom de l'Auteur. & l'année 1693
sont marqués sur ce Tableau.

COMPARDEL.

105 Le Portrait de Gerard Dov, re- 16a 1
présenté à mi-corps à une fenêtre,
tenant sa palette, ses pinceaux &
un livre ouvert. Compardel étoit
ami de Dov, & célebre Peintre en
miniature ; ce morceau-ci en est une
preuve évidente.

ECOLE FRANÇOISE.

NICOLAS POUSSIN.

3616   106 DEUX Tableaux peints sur toile, chacune de 2 pieds 10 pouces de haut, sur 4 pieds de large.

Ces deux morceaux sont d'un bon coloris ; on les met au rang des Ouvrages distingués de ce célebre Artiste. L'un représente Angelique qui fait enlever Renaud par des monstres transformés en plaisirs ; l'autre laisse voir Angelique trouvant Médor blessé, & coupant une tresse de ses beaux cheveux, pour servir d'appareil à sa blessure. Ces Sujets sont tirés du Tasse.

CLAUDE GELÉE, dit LE LORRAIN.

1510   107 Un Paysage avec des fabriques & des montagnes ; on remarque sur le

devant, des vaches & autres animaux qui paſſent dans une riviere,
ſuivis d'un homme en habit jaune,
d'une femme portant une robe
bleue, un panier ſur ſa tête, &
d'un chien. Sur la gauche, proche
de cette riviere, un groupe de trois
figures, dont une fille qui déchauſſe
ſon pere.

Ce Tableau très capital eſt
chaud de coloris; les effets de la
plus belle nature y ſont repréſen-
tés avec cette vapeur qui ſatisfait
entierement tous les Amateurs. Il
eſt peint ſur toile, & porte 3 pieds
de haut, ſur 4 pieds de large.

108 Un autre Payſage d'une beauté *1331*
diſtinguée & de même grandeur que
le précédent; ce Peintre y a repré-
ſenté la fraîcheur du matin; il y
a auſſi ſur le devant une riviere, où
paſſent un homme & une femme,
qui conduiſent des vaches: dans le
coin, à gauche, ſur une partie du
terrein, un homme avec des moutons & autres animaux.

SEBASTIEN BOURDON.

180   109 Une Caverne où se sont retirés des mandiants & gens sans aveux, hommes, femmes & enfants : Tableau peint sur une toile de 24 pouces de haut, sur 18 de large.

122   110 Un *Musico* composé de neuf figures, un lit, une table & différents ustensiles, sur une toile de 17 pouces & demi de haut, sur 24 & demi de large.

40   111 Le Portrait d'un Ministre François, peint à mi-corps sur une toile de 41 pouces de haut, sur 33 de large.

CLAUDE LEFEBVRE.

29   112 Un Portrait d'homme, peint sur une toile de 38 pouces de haut, sur 33 de large.

JEAN-BAPTISTE MONOYER.

60   113 Deux Tableaux peints sur toile, chacun représente un vase de fleurs. Ils portent 15 pouces de haut, sur 11 pouces 3 quarts.

JEAN FOREST.

114 Deux paysages & vues de rivie- 96
re ; on remarque plusieurs figures
dans l'un & dans l'autre, tant à pied
qu'à cheval. Ces Tableaux sont
agréables , des plus beaux & des
mieux conservés de ce bon Colo-
riste. Ils sont chacun peints sur toile, & portent 2 pieds & demi de
haut, sur 4 pieds de large.

115 Un Paysage enrichi de figures : 12
Tableau peint sur une toile de 26
pouces de haut, sur 36 de large.

JEAN JOUVENET.

116 Ulysse découvre Astyanax dans le 370
tombeau d'Hector son pere, & An-
dromaque cherche à le garantir du
péril qui le menace. Ce Tableau
est un des plus parfaits de ce Maître, & riche de composition ; il est
peint sur une toile de 24 pouces de
haut, sur 30 de large.

117 Diane & Endimion : Tableau sur 20
bois, qui porte 10 pouces de haut,
sur 8 pouces 1 quart de large.

JEAN-BAPTISTE SANTERRE.

160   118 Les Portraits de deux fameuses Comédiennes du dernier siecle, dont l'une, que l'on croit être la Chanmeslé, est représentée en Cornelie, la main appuyée sur l'urne qui renferme les cendres de Pompée son époux. Ce Tableau est beau & d'un bon coloris ; il est peint sur une toile de 4 pieds 5 pouces de haut, sur 3 pieds 4 pouces de large.

NICOLAS DE LARGILIERE.

60   119 Un Portrait d'homme, avec des mains, de grandeur naturelle, vû jusqu'aux genoux : il est peint sur toile, & porte 4 pieds de haut, sur 3 pieds 1 quart de large. Ce Tableau est un des beaux de ce Maître ; il n'a point de bordure.

145   120 Un beau Portrait de Dame, aussi avec des mains & de même grandeur que le Tableau du n°. précédent.

30   121 Un autre Portrait de Dame, peint sur toile.

JOSEPH

JOSEPH PARROCEL.

122 Une Bataille richement compo- 56
fée, peinte fur une toile de 12 pouces 3 quarts de haut, fur 19 de large.

123 Autre auffi fur toile qui porte 20 36
pouces & demi de haut fur, fur 34
de large.

ANTOINE WATTEAU.

124 Sept femmes occupées à parer Ju- 241
piter fous la forme d'un taureau, fur
lequel eft Europe ; ce Tableau eft
agréable ; il eft peint fur toile, &
porte 17 pouces & demi de haut,
fur 25 de large.

CHARLES COYPEL.

125 Renaud & Armide : Tableau com- 200
pofé de quatre figures, fur une toile
de 36 pouces de haut, fur 30 pouces
de large. C'eft un des meilleurs morceaux de ce Maître : on en trouve
l'Eftampe gravée par F. Joulain.

DE LAISTRE.

126 Cephale & Procris; Tableau peint 24
fur une toile de 30 pouces de haut,
fur 36 de large.

JA. A. JO. AVED.

300 127 Le Portrait de Jean-Jacques Rouſ-
       ſeau, peint ſur toile ; il porte 4 pieds
       de haut, ſur 3 pieds de large.

240 128 Celui de Crebillon, ſur une toile
       de 4 pieds & demi de haut, ſur 3
       pieds 4 pouces de large.

SEBASTIEN CHARDIN.

19   129 Des raiſins & des pêches dans
       un panier. Une poire, une pêche,
       des prunes, un gobelet d'argent &
       une bouteille. Tableau peint ſur une
       toile de 29 pouces de haut, ſur 23
       pouces de large.

9   130 Un autre Tableau ſur toile de 30
       pouces de haut, ſur 24 de large : on
       y voit deux maquereaux attachés à la
       muraille ; deux concombres, deux
       ciboules & un grand gobelet, ſur une
       table.

60 131 Autre de 5 pieds 11 pouces de
       haut, ſur 3 pieds 4 pouces : on y re-
       marque un vaſe ſur un piédeſtal ;
       un canard attaché à l'anneau dudit
       vaſe, un liévre, une boîte à poudre,
       une gibbeciere, un fuſil, un cors-

de chaſſe & un chien barbet. Ce Tableau eſt touché d'art.

132 Un Tableau peint graſſement ſur *120*
toile de 6 pieds & demi de haut,
ſur 4 pieds 5 pouces de large ; il repréſente un liévre, un canard, une
gibbeciere, une boîte à poudre, un
cors-de-chaſſe ; le tout groupé en-
ſemble & attaché à un arbre ; un
fuſil, deux lapereaux, un faiſand mort
& un chien.

133 Deux Tableaux ſur toile de 20 *45*
pouces de haut, ſur 16 de large ;
l'un eſt compoſé d'une perdrix attachée par la patte à la muraille ; un pot
de terre, un citron & une pomme ;
l'autre l'eſt d'une gibbeciere, une
boîte à poudre & deux perdrix.

134 Un liévre, une gibbeciere, une boîte *24*
à poudre & un fuſil dans un payſage,
ſur une toile de 30 pouces de haut,
ſur 37 pouces de large, ſans bordure.

135 Un canard attaché à la muraille, *40* .1
& un citron ſur une table. Tableau
peint ſur une toile de 29 pouces de
haut, ſur 23 de large.

136 Des fleurs dans un vaſe de porce- *12*
laine blanche à fleurs bleues, poſé

fur une tablette ; ce Tableau eſt peint fur une toile de 17 pouces de haut, fur 14 de large.

J. RAOUX.

12a 137 Deux Dames dont une aſſiſe te-nant un livre de muſique ouvert proche d'un clavecin ; ce Tableau gracieux, a des effets de lumiere pi-quants ; il eſt peint fur toile & porte 30 pouces de haut, fur 24 de large.

ANTOINE LEBEL.

49 138 Un Tableau peint fur une toile de 33 pouces de haut, fur 42 de large, repréſentant un ſoleil couchant. La compoſition eſt un fort agréable pay-ſage, une riviere, des vaches qui pâturent dans une iſle ; pluſieurs fi-gures d'hommes & de femmes fur différents plans. Ce Tableau eſt ra-goutant, & peint avec beaucoup d'art.

39 - 1 139 Autre Payſage peint fur toile de 25 pouces de haut, fur 36 de large. On y voit des rochers, une riviere, une femme aſſiſe avec ſon chien, qui garde des vaches ; deux jeunes

enfants, dont un tient une ligne.
Ce Tableau est d'un bon empâtement ; il regne une vapeur aérienne
qui fait connoître & distinguer les
talents de l'Auteur.

140 Plusieurs maisons, une riviere,
du paysage & des figures ; Tableau
sur une toile de 2 pieds 10 pouces
de haut, sur 4 pieds 5 pouces de
large.

141 Deux Paysages avec figures ;
dans l'un on remarque plusieurs
maisons très peu éloignées de la
riviere.

142 Paysage avec une riviere ; Tableau sur une toile de 30 pouces
de haut, sur 24 de large ; on y voit
deux groupes de personnages.

143 Deux hommes qui jouent avec
un enfant ; tous trois sont assis dans
une basse-cour où sont des poules
& divers ustensiles. Ce Tableau est
peint sur une toile de 23 pouces de
haut, sur 36 de large.

144 Deux Tableaux en pendants,
peints chacun sur une toile de 42
pouces de haut, sur 27 pouces &
demi de large. L'un représente un
chemin dens des rochers & du pay-

sage ; deux figures & un chien sont sur le devant, un homme à cheval dans le chemin. L'autre Tableau, aussi composé de rochers, d'une chûte d'eau & d'une riviere, proche de laquelle deux hommes se reposent. Ces Tableaux sont d'un bon *faire*, & sont considérés.

145 Un Paysage d'un bon ton de couleur, représentant la fraîcheur du matin. On remarque un garçon & une fille assis l'un proche de l'autre au pied d'un arbre, & des vaches dans l'entrée d'un bois. Ce Tableau, peint sur toile, porte 18 pouces de haut, sur 25 pouces de large.

DOYEN.

146 Le Sacrifice d'Iphigenie ; cette composition est heureuse ; les principales figures ont 2 pieds de proportion : Tableau sur une toile de 4 pieds 10 pouces de haut, sur 5 pieds 11 pouces de large.

LE SUEUR.

147 *Noli me tangere* : Tableau sans

bordure , de 4 pieds & demi de haut , fur 5 pieds 11 pouces de large.

148 Autre Tableau du même , repré- 20
fentant l'Education de l'Amour ,
peint fur une toile de 2 pieds 9
pouces de haut , fur 3 pieds 7 pouces de large.

TERSONIER.

149 Tarquin & Lucrece , figures gran- 44 . 10
comme nature : Tableau peint fur
une toile de 5 pieds de haut , fur 6
pieds de large.
150 Un Sujet de l'Hiftoire Romaine , 47 . 1
peint dans le goût de F. de Troy ,
fur une toile de 5 pieds 11 pouces
de haut , fur 4 pieds & demi de
large.
151 Pan pourfuit Syrinx , que Penée 29 . 19
reçoit dans fes bras. Sur une toile
de même hauteur que le précédent ,
fur 4 pieds de large.
152 Autre Tableau de 4 pieds de 24
haut, fur 3 de large , repréfentant
la Sibylle de Cumes.
153 La continence de Scipion : 6 pieds 31
de haut , fur 4 pieds de large.

C iv

154 Autre Tableau de même grandeur.

155 Danaé recevant la pluie d'or. Tableau sur toile de 3 pieds 9 pouces de haut, sur 4 pieds de large.

156 S. Joseph à mi-corps, qui tient & regarde l'Enfant Jesus dormir : peint sur une toile qui porte 2 pieds & demi de haut, sur 3 pieds 1 pouce de large.

157 Bacchus & Ariane : sur une toile de 3 pieds 7 pouces de haut, sur 2 pieds 8 pouces de large.

Tableaux de diverses Ecoles, tant originaux que copies.

158 Une Nativité peinte sur cuivre. Ce Tableau porte 15 pouces de haut, sur 11 pouces de large.

159 Un Paysage avec figures & animaux : Tableau peint dans le goût de Gobo des Carraches, sur une toile de 3 pieds 8 pouces de haut, sur 4 pieds 6 pouces de large.

160 Une Adoration des Mages : Tableau richement composé ; peint en Italie, sur une toile de 19 pouces de haut, sur 15 & demi de large.

161 Une Etude de la chûte des An- 9
ges, d'après Michel Ange, peinte
fur papier colé fur bois; elle porte
17 pouces de haut, fur 26 pouces
de large.

163 Deux Tableaux peints fur toile, 36
chacun porte 3 pieds de haut, fur 2
pieds 5 pouces de large; ils font originaux de maître Flamand, l'un pa-
roît être le portrait d'un Sculpteur
qui tient une petite figure de ron-
de boffe; l'autre celui d'un Mufi-
cien, tenant un papier de mufique.

164 Deux voleurs, dont un le poi- 39
gnard à la main arrête un homme;
une femme tient une lanterne allu-
mée, & un autre a un panier au
bras. Ce Tableau, peint fur toile,
porte 16 pouces de haut, fur 20 de
large.

165 Une fileufe & deux enfans; un
homme charge du bois fur un âne,
un autre en ramaffe proche d'une
maifon. Ce Tableau qu'on eftime
être d'un de *Nain*, eft peint fur une
toile de 22 pouces de haut fur 28
de large.

166 Un Tableau original Flamand, 30

peut être de Nieulant ; il eſt très riche de compoſition, & a beaucoup de mérite : on y voit un moulin à eau, beaucoup de fabriques, & de très belles figures. Ce morceau peint ſur cuivre porte 15 pouces de haut, ſur 22 pouces & demi de large.

167 Un payſage avec figures, Tableau original qui n'eſt pas ſans mérite ; il eſt peint ſur une toile de 17 pouces de haut ſur 22 & demi de large.

168 Un payſage avec figures & animaux dans le goût de Corneille, peint ſur bois qui porte 14 pouces de haut, ſur 20 de large.

169 Un ſujet de Rebecca. Ce Tableau eſt fort bien peint ; le uns l'eſtiment être peint par le Moine ; les autres le diſent avoir été fait dans ſon Ecole, & retouché par lui-même, ſur une toile de 2 pieds & demi de haut, ſur 2 pieds de large.

170 Martyre de S. Etienne, peint ſur albâtre de forme ovale. Ce Tableau porte 5 pouces & demi de haut, ſur 6 pouces 3 quarts de large.

171 Un Tableau peint ſur une toile de 5 pieds 2 pouces de haut, ſur

7 pieds 2 pouces de large ; il représente un repas champêtre très agréablement composé, dans le goût de
P. P. Rubens.

172 Des Pêcheurs. Tableau dans le
goût de Teniers, sur une toile de
12 pouces & demi de haut, sur 9
pouces & demi de large.

173 Deux paysages avec figures aussi
dans le goût de Teniers, peints sur
bois ; ils portent chacun 4 pouces
3 quarts de haut, sur 6 pouces 3
quarts de large.

174 Des baigneurs dans la riviere, &
des cavaliers qui abreuvent leurs
chevaux. Tableau peint sur bois ; il
porte 16 pouces de haut, sur 20 pouces & demi de large.

175 Deux belles copies d'après San-
terre, dont la chanteuse ; elles font
peintes sur toile, & portent chacune
30 pouces de haut, sur 24 de large.

176 Une Espagnolette dans le stile de
Grimou, & que l'on croit être une
répétition de ce Maître ; elle est
peinte sur une toile de 27 pouces
de haut, sur 21 de large.

177 Un paysage avec figures, par Col-
landon, peint sur une toile de 15

pouces 6 lignes de haut, fur 19 pouces de large.

178 Le Bufte d'un Roi d'Espagne &
de la Reine fon épouse, peints fur
toile : chacun porte 17 pouces de
haut, fur 13 de large.

179 Un Bufte de Vierge, peint par
feu M. Aved, d'après M. Reftout,
fur une toile de 17 pouces de haut,
fur 13 de large.

180 Un Portrait d'homme affis, vû à
mi corps, copié d'après Rembrandt
auffi par M. Aved. Ce Tableau eft
peint fur une toile de 30 pouces de
haut, fur 23 de large.

Figures & Buftes de Bronze.

181 L'Enlevement d'une Sabine : Groupe de trois figures de l'invention de
Jean de Boulogne; il porte 2 pieds de
haut, non compris un joli pied de
bronze, doré, contourné & percé à
jour.

182 Deux Buftes d'environ 16 pouces
de haut ; l'un d'un Faune, l'autre
d'une tête de femme élégante moderne, fur des pieds de bois de 6
pouces de haut.

183 Un Groupe de quatre enfans qui
enchaînent un dogue ; ce bronze
porte 7 pouces de hauteur.

184 Vénus & Mercure, en pendant :
chacune de ces figures porte 7 pouces & demi de haut, sur des pieds de
marquetterie.

185 Deux autres figures plus petites,
l'une de femme, l'autre d'un enfant
qui porte un vase.

Bronzes Chinois.

186 Un Vase ou Caffolette, porté par
quatre pieds en forme de roseaux,
avec son couvercle à jour, & deux
autres petits vases à anneaux, avec
ornement en bas-reliefs.

187 Trois autres bronzes , l'un en
forme de terrine à anse, supportée
sur trois pieds ; il porte 6 pouces de
diametre ; les deux autres de 6 pouces de hauteur, avec la bouche éva-
sée en trompette.

188 Un grand & beau pot-pourri à anse
de forme quarrée, avec un couvercle
percé à jour, & d'un joli travail.

189 Un autre plus petit dans le même
goût.

Figures & Buftes de marbre blanc.

242 190 Hercule au berceau, étouffant un des ferpens que Junon avoit envoyés contre lui. Ce morceau qui eft fait par un bon Artifte, porte 1 pied de haut, fur autant de largeur.

461 191 Deux Buftes, l'un d'homme, l'autre de femme moderne, dans le goût Romain; ils portent chacun 12 pouces de haut, & font portés fur des gaînes de marbre de Sicile.

Meubles & Porcelaines, &c.

160 192 Une table d'albâtre oriental imitant la Sardoine; elle eft parfaitement plaquée, fon contour eft agréable; elle porte 4 pieds de longueur, fur 2 pieds de largeur, fon pied eft à quatre confoles de bois, fculpté, doré, très légerement travaillé & de bon goût.

340 193 Une table de bon goût, de forme ceintrée, en marquetterie de cuivre, garnie d'ornemens de bronze & de

deux têtes d'espagnolette composée
par *Boule*.

194 Deux Eguieres de bronze doré,
ornées de bas-reliefs & d'une anse
terminée par une figure de femme.

195 Deux Globes en carton, l'un ter-
restre & l'autre céleste, de 30 pouces
de diametre, avec un Equateur de
bronze ; ils sont montés sur des pieds
de bois.

196 Une petite Pendule, sur un pied
doré, montée dans une cage de porcelaine, accompagnée de cinq figures chinoises aussi de porcelaines colorées.

197 Deux Chandeliers à deux branches, dorés d'or moulu, ornés de
deux oiseaux de porcelaine colorée.

198 Deux autres Chandeliers aussi à
deux branches, garnis de fleurs &
d'enfant de porcelaine de Saxe.

199 Un beau Vase en forme d'urne,
d'ancienne porcelaine céladon cra-
quelée, à fleurs & mosaïques en re-
liefs, garni agréablement de bronze, doré d'or moulu à guirlandes &
masques de lion. Ce morceau porte
un pied de haut.

200 Une autre Urne de porcelaine, fond blanc & fleurs colorées, montée sur un espece de trépied composé de trois griffons ; le couvercle est surmonté d'un globe, sur lequel est assis l'hymen, le tout de bronze, doré d'or moulu.

201 Un pot-pourri de porcelaine gauffrée à fleurs blanchâtres, garni de cercle de bronze doré.

202 Une Tortue de porcelaine colorée, sur un petit plateau de porcelaine verte ancienne qui sert de suport & de soucoupe à un gobelet de même porcelaine verte.

203 Une grande Urne avec son couvercle de belle porcelaine blanche à fleurs bleues, ancienne.

204 Des Tasses, des soucoupes & autre pieces de porcelaines, tant anciennes que modernes qui seront détaillées.

205 Plusieurs platteaux, coffres & autres morceaux de différens lacs.

206 Des bordures de bois sculptés & dorés, quelques-unes en bois de différentes grandeurs.

207 Plusieurs Tableaux non compris dans ce Catalogue.

208 Des Estampes & Desseins, dont 514
on composera des articles, & qui seront détaillés lors de la Vente.

LISTE des Catalogues que P. REMY a faits seul & de société, pour des Ventes.

1. CATALOGUE des Tableaux & des Portraits en émail du Cabinet de M. PASQUIER, Député du Commerce de Rouen, en 1755.

2. Catalogue raisonné des Tableaux, Sculptures, tant de marbre que de bronze, Desseins & Estampes des plus grands Maîtres; Porcelaines, Meubles précieux, Bijoux & autres Effets qui composent le Cabinet de M. le Duc DE TALLARD, en 1756.

3. Catalogue d'une Collection considérable de Coquilles rares & choisies du Cabinet de M. Le ***, 1757.

4. Catalogue raisonné de Tableaux, Desseins & Estampes des meilleurs Maîtres d'Italie, des Pays-Bas, d'Allemagne, d'Angleterre & de France, qui composent différents Cabinets, avec des notes sur la vie de plusieurs Peintres modernes des trois Ecoles, dont il n'avoit été fait mention dans aucun Catalogue. Paris, Didot, 1757.

5. Catalogue des Desseins & Estampes des plus grands Maîtres des différentes Ecoles, en 1758.

6 Catalogue de Curiosités en différents gen-
res, dont la principale partie est de l'His-
toire Naturelle, en 1759.

7 Catalogue de Desseins, Estampes & Coquilles, en 1759.

8 Catalogue raisonné d'une riche Collection
de Tableaux, dont le plus grand nombre est
de l'Ecole des Pays Bas, de Desseins, Estampes, &c. qui forment le Cabinet de feu
M le Comte DE VENCE, Lieutenant Général des Armées du Roi, & Commandant à la
Rochelle, en 1760.

9 Catalogue des Effets curieux du Cabinet de
M. DE SELLE, Trésorier Général de la Marine. Paris, Didot, 1761.

10 Catalogue d'une très belle Collection de
bronze & autres Curiosités Egyptiennes,
Etrusques, Indiennes & Chinoises, Figures,
Bustes & Bas-reliefs de bronze, d'albâtre &
de marbre, antiques & modernes; Pierres
gravées montées en bagues, &c. du Cabinet
de M. le Duc DE SULLY. Paris, Didot,
1761.

11 Catalogue raisonné des Tableaux, Porcelaines, Bijoux & autres Effets du Cabinet
de feu M. GAILLARD DE GAGNY, Receveur
Général des Finances de Grenoble. Paris,
Didot, 1762.

12 Catalogue d'une Collection de Desseins,
Tableaux & Estampes du Cabinet de feu M.
MANGLARD, Peintre de l'Académie de S.
Luc à Rome. Paris, Didot, 1762.

13 Catalogue de Tableaux, Estampes; en livres & en feuilles, Cartes manuscrites &
gravées, du Cabinet de feu Messire GER-
MAIN LOUIS CHAUVELIN, Ministre d'Etat,

Commandeur des Ordres du Roi, & ancien Garde des Sceaux. Paris, Lotin & Mufier, 1762.

14 Catalogue de Deſſeins des trois Ecoles, d'un grand nombre de belles Eſtampes en feuilles, Livres d'Eſtampes, &c. Paris, Didot, 1762.

15 Catalogue d'une Collection de belles Coquilles, de Madrépores, Litophytes, Cailloux, Agates, Pétrifications. Paris, Didot, 1763.

16 Catalogue d'une Collection de très belles Coquilles, Madrépores, Stalactites, Litophytes, Pétrifications, Cryſtalliſations, Mines, Plaques & Cailloux agatiſés & cryſtalliſés, &c. du Cabinet de feue Madame DEBURE. Paris, Didot, 1763.

17 Catalogue d'Effets curieux du Cabinet de feu M. HENNIN, Conſeiller du Roi, Maître & Doyen de la Chambre des Comptes de Paris, & Maître d'Hôtel ordinaire du Roi. Paris, Didot, 1763.

18 Catalogue raiſonné des Tableaux du Cabinet de feu M. PEILHON, Sécretaire du Roi. Paris, Didot, 1763.

19 Catalogue d'un Cabinet de Curioſités. Paris, 1763.

20 Catalogue d'une Collection de Tableaux de très bons Maîtres Flamands, Hollandois & François, dont partie abandonnée à une Direction de Créanciers.

21 Catalogue d'une Collection de très beaux Tableaux, Deſſeins & Eſtampes de Maîtres des trois Ecoles, Livres & Suites d'Eſtampes, Planches gravées, Figures de marbre & de terre cuite, Bagues de diamants, Pierres gra-

vées, Boîtes montées en or, Porcelaines, &c)
de la fuccefſion de JEAN-BAPTISTE DE
TROY , Directeur de l'Académie de Rome , &c. Paris, Didot, 1764.

22 Catalogue des Curiofités contenues dans les
Cabinets de feu M. SAVALETTE DE BUCHE-
LAY , Gentilhomme ordinaire du Roi , &
l'un des Fermiers Généraux de Sa Majeſté.
Paris , Didot, 1764.

23 Catalogue de Deſſeins, Tableaux & Eſtampes , après le décès de M. DESHAYS , Peintre du Roi. De l'Imprimerie de Prault , & ſe
trouve chez P, Remy, rue Poupée, 1765.

24 Catalogue de Tableaux de différents bons
Maîtres des trois Ecoles , de Figures de
bronze , de Buſtes de marbre, d'Eſtampes
montées ſous verre , & d'Eſtampes en feuilles , après le décès de M. le Marquis DE
VILLETTE pere. A Paris, chez Didot, 1765.

25 Catalogue Raiſonné des Tableaux , Eſtampes, Coquilles, & autres Curiofités ; après le
décès de feu M. DEZALLIER D'ARGENVILLE,
Maître des Comptes , & Membre des Socié-
tés Royales des Sciences de Londres & de
Montpellier. A Paris, chez Didot, 1766.

26 Catalogue des Tableaux originaux de différents Maîtres, Miniatures, Deſſeins & Eſtampes ſous verre , de feue Madame la Mar-
quiſe DE POMPADOUR. De l'Imprimerie de
Heriſſant, 1766.

27 Catalogue Raiſonné des Curiofités qui
compoſoient le Cabinet de feue Madame
DUBOIS-JOURDAIN. A Paris, chez Didot,
1766.

28 Catalogue Raiſonné des Tableaux d'Italie,
des Pays-Bas & de France, Figures de bronze,

Figures & Buſtes de marbre , Porcelaines &
autres Effets qui compoſent le Cabinet de
feu M. AVED , Peintre du Roi & de ſon Académie. A Paris , chez Didot , 1766.

F I N.

www.ingramcontent.com/pod-product-compliance
Lightning Source LLC
Chambersburg PA
CBHW061418060726

47597CB00003B/1092